Perle la courageuse

Anne-Sophie Silvestre est née en 1960 à Neuilly. Après des études de médecine, elle exerce son métier à temps partiel afin de se garder du temps pour ses enfants et pour l'écriture, son autre passion. Ses romans ont été publiés aux éditions Hachette, Flammarion, Milan, Casterman, et Bayard Jeunesse.

Boiry est née en 1948 à Toulon. Elle a fait des études artistiques à l'École des métiers d'art, puis a été maquettiste à *Lisette* pendant deux ans. Elle habite aujourd'hui Tournus avec son mari pédiatre, leurs trois enfants et une chatte. Elle consacre son temps à l'illustration de livres pour enfants. Ses ouvrages ont été publiés aux éditions Grasset, Hachette, Le Sorbier, Casterman, Bayard Jeunesse.

Du même illustrateur dans Bayard Poche :
Mystère dans l'escalier (Mes premiers J'aime lire)
C'est la vie, Julie - C'est dur d'être un vampire - Une nuit au grand magasin - Les yeux de Salka - Drôle de rencontre en Poisonie - L'arbre et le roi - Les treize chats de la sorcière - Dimitri (J'aime lire)

Deuxième édition

ISBN : 978-2-7470-0557-9
Dépôt légal : novembre 2004
Loi du 16 juillet 1949 sur les publications destinées à la jeunesse.

Perle la courageuse

Une histoire écrite par Anne-Sophie Silvestre
illustrée par Boiry

La légende d'Amour et Psyché

BAYARD POCHE

1

Il y avait dans l'île de Crète un marchand si riche qu'il disait ne pas savoir ce qu'il possédait. Bien sûr, c'était de la coquetterie. Il connaissait, à la piécette près, l'étendue de sa fortune.

Ce marchand avait trois filles, parfaitement belles. Il les nommait : « mon émeraude », « mon saphir » et « ma perle ». La plus jeune, la perle, c'était Psyché.

Les aînées, l'émeraude et le saphir, se marièrent. Elles épousèrent des garçons issus des meilleures familles de Crète, beaux, sportifs et bien élevés. Le papa avait décidé que Psyché était trop jeune encore pour songer au mariage ; on attendrait un peu.

Et c'était vrai qu'elle était belle, la petite Psyché, avec son teint de rose, ses cheveux de lin et ses yeux de source ! Et bon cœur avec ça, toujours prête à rendre service et à secourir les malheureux.

Tout le monde l'aimait, et les visiteurs n'étaient pas avares de compliments. « Cette enfant est belle comme le jour », dirent un jour deux personnes qui sortaient de la maison.

Imprudentes paroles ! En ces temps-là, les dieux et les déesses pouvaient, s'ils en avaient la curiosité, entendre les paroles des humains. Et par malheur, à cet instant précis, Vénus, la déesse de l'amour et de la beauté, écoutait ce qui se disait sur le perron de cette belle maison. Elle sursauta : « Comment ? Psyché, belle comme le jour ? Mais il n'y a que moi qui sois belle comme le jour. À la rigueur, mon fils Amour… Cette insolente petite mortelle commence à m'échauffer les oreilles. Je vais lui

choisir un joli mari, moi ! Poilu, ventru et malodorant. Ça lui apprendra à être belle comme le jour ! »

Les immortels n'avaient pas toujours bon caractère.

Le soir même, au temple, l'oracle* confirma la sentence : « Psyché doit être conduite au mont Ida, qu'elle gravira seule, jusqu'à ce qu'elle disparaisse de la vue des siens. Tel est l'ordre de la divine Vénus. »

* oracle : devin, intermédiaire entre les dieux et les mortels.

Chacun fut écrasé de douleur. Mais on ne discutait pas les ordres des dieux. Et le lendemain, le marchand, les sœurs, une foule d'amis, en larmes et en vêtements de deuil, accompagnèrent Psyché au pied du mont Ida, dont les hauteurs se cachaient dans la brume.

Psyché, la mort dans l'âme, partit sur le sentier. Bientôt, elle atteignit l'étage des nuages et disparut de la vue des siens.

2

Vénus fit venir son fils :

– Amour, s'il te plaît, va au mont Ida. Tu y trouveras la jeune Psyché, qui a commis le crime de m'impatienter. Trouve-lui un mari bien répugnant et reviens sans t'attarder.

Amour était un garçon serviable. Il siffla son compagnon Zéphire et partit aussitôt. Zéphire, c'était le vent du sud. Oui, pour un jeune immortel, c'était une chose toute naturelle d'avoir le vent du sud pour ami.

Amour et Zéphire aperçurent Psyché. Entourée de brume, tremblant de froid, elle était assise sur une pierre. Des larmes grosses comme des pois roulaient sur son visage. Qu'allait-elle devenir ?

Amour, à l'instant où il vit Psyché, si belle et si touchante, l'aima éperdument.

– Zéphire ! Est-ce que je rêve ? Je dois donner cette merveille à un répugnant mari ? Mais je l'aime ! Son mari, ce sera moi.

– Ta mère ne va pas être contente, observa Zéphire.

– Ma mère ne saura rien ! Sois gentil, conduis Psyché à ma maison. Moi, je viendrai quand il fera nuit.

Psyché, surprise, fut soudain caressée par un vent doux et chaud comme un soir d'été.

Et voilà que le vent lui souffla à l'oreille :

– Psyché, n'aie pas peur, je t'emmène chez ton mari.

Et le vent la souleva de terre, traversa brumes et nuages, sortit au grand soleil et l'emporta vers une splendide maison perchée sur le sommet d'un pic.

– Ton hôte sera là ce soir, dit encore Zéphire, et il disparut.

Psyché demeura seule dans la maison des nuages. Mais qui était-il, cet hôte ? Un ami ou un monstre ?

La nuit était venue. Dans une grande salle éclairée par la lune, Psyché, transie de peur, attendait. Soudain, une silhouette se détacha devant la fenêtre. Une silhouette de garçon beau et jeune. Deux mains légères prirent les siennes avec douceur :

– Psyché, ma bien-aimée, sois la bienvenue chez moi. Je t'aimerai toujours.

Alors commencèrent pour Psyché et son compagnon des semaines magnifiques. Il leur semblait se connaître depuis toujours. Ils avaient mille et mille choses à se raconter : leurs idées, leurs rêves… Parfois, ils tombaient endormis, avant d'avoir fini de se parler. Mais toujours le garçon quittait Psyché à la première clarté de l'aube et ne revenait qu'à la nuit.

– Ami, pourquoi ne restes-tu jamais avec moi quand il fait jour ? demanda Psyché.

– Je ne le puis pas.

Psyché comprit vite le système qui permettait d'observer ce qui se passait chez les humains. Ce qu'elle vit chez les siens lui brisa le cœur. Son père, malade de chagrin, était couché, et les médecins craignaient qu'il ne se laisse mourir de tristesse. Ses sœurs la cherchaient et l'appelaient en vain sur les pentes du mont Ida.

Aussitôt Psyché appela Zéphire, qui lui tenait souvent compagnie pendant la journée :

– Zéphire, vois mes sœurs sur la montagne ! Amène-les ici afin que je puisse les rassurer et qu'elles aillent ensuite réconforter mon père.

Zéphire, ravi de plaire à Psyché, alla cueillir les sœurs, les enveloppa de son souffle, et, en deux ou trois rapides volutes, leur fit traverser les nuages.

– Mes sœurs, mes chères sœurs ! dit Psyché en les embrassant à les étouffer.

Et elle leur raconta son enlèvement par le vent du sud. Elle leur parla du mystérieux maître de cette maison des nuages qui la comblait de tendresse et qui ne venait que la nuit. Ce fait troubla les sœurs :

– Tu veux dire que tu n'as jamais vu son visage ?

– Non, dit Psyché. Cela a-t-il de l'importance ? Il est si gentil.

L'aînée hésita.

– Non, dit-elle enfin, cela n'a sans doute pas d'importance…

Quand Zéphire fut parti raccompagner les sœurs, Psyché tomba dans une profonde songerie. Pourquoi son compagnon ne la laissait-il jamais voir son visage ? Peut-être était-il laid ? Affreux, même… Et, s'il était laid, l'aimerait-elle encore ? Ah, toutes ces pensées étaient odieuses ! Il lui fallait savoir. Dès ce soir.

Elle prit une lampe à huile, l'alluma et la dissimula sous une table qu'un tapis recouvrait jusqu'au sol.

Comme toujours, Amour revint à la nuit. Comme toujours, il fut gai, tendre et drôle. Psyché, rongée par l'angoisse et le doute, était malheureuse comme les pierres. Tard dans la nuit, le souffle calme de son compagnon lui apprit qu'il s'était endormi.

– Ami, dors-tu ? demanda-t-elle à mi-voix.

Pas de réponse. Alors, elle se leva et, pieds nus, sans bruit, elle alla chercher la lampe cachée. Elle s'approcha tout doucement et éleva la lampe pour éclairer le dormeur.

C'était un garçon d'une extraordinaire beauté.

Mais une telle grâce ne pouvait pas être humaine… C'était un jeune immortel qui dormait là… C'était Amour lui-même ! Des larmes montèrent aux yeux de Psyché. Des larmes de bonheur et de repentir. Amour l'aimait, et elle avait douté de lui… Dans son émotion, elle laissa échapper de la lampe une gouttelette d'huile, qui tomba sur l'épaule d'Amour. Il s'éveilla brusquement et vit Psyché, la lampe à la main.

– Psyché ! Qu'as-tu fait ? Il nous était interdit de nous aimer. Si je me cachais, c'était pour nous protéger. Maintenant, tout est gâché, et je dois m'en aller à jamais.

Et, avant que Psyché ait pu dire un seul mot, il s'enfuit.

3

Le matin trouva Psyché assise sur le lit. Elle ne pleurait plus. Sa décision était prise.

Zéphire s'approcha, consterné de ce désastre :

– Psyché, si tu veux, je peux te reconduire chez toi.

Elle leva la tête et eut un demi-sourire :

– Tu es gentil, Zéphire, mais je ne veux pas rentrer chez moi. Je veux retrouver Amour.

– Ça ne va pas être facile. Même moi, je ne sais pas où il est allé.

– Je te crois, Zéphire. Aussi, c'est à sa mère

que je demanderai.

– À sa mère ? À Vénus ? Tu ne crois pas que tu ferais mieux de te faire oublier ? Avec un peu de charbon sur les joues et une coiffure en tas de foin, tu passerais inaperçue, et la déesse penserait vite à autre chose.

– Zéphire, dit Psyché, tu ne comprends rien. Qui m'aidera à retrouver mon amour perdu, sinon la déesse de l'amour elle-même ? Tu veux bien m'emmener chez elle ?

Zéphire la regarda avec admiration :

– Tu es héroïque, ma Psyché. C'est bon, je vais te conduire chez la déesse. Mais je te préviens : moi, je n'entre pas.

– C'est entendu, on se quittera à sa porte.

La déesse était à sa toilette du matin. C'est-à-dire que ses nymphes la coiffaient, la maquillaient et la paraient de bijoux, tout cela avec de petits cris d'émerveillement. Soudain, l'une d'elles entra en coup de vent :

– Grande déesse, une mortelle a pénétré

dans ton palais. Je crois que… c'est Psyché !

Ce fut comme si la foudre était tombée dans la chambre. Les nymphes demeurèrent stupéfaites. Et, en effet, Psyché entra et vint s'agenouiller devant la déesse.

– Psyché, dit celle-ci avec courroux, quelle audace ! D'abord, tu as prétendu m'égaler en beauté. Ensuite, tu as tourné la tête à mon fils à tel point qu'il m'a désobéi. Et, pis que tout, tu as douté de lui, et mon pauvre chéri est maintenant très malheureux. Comment oses-tu encore venir me narguer ?

Psyché leva ses yeux de source :

– Grande déesse, j'aime Amour plus que ma vie. Aide-moi à le retrouver, je t'en prie.

L'indignation de Vénus tomba. La déesse de l'amour ne savait pas résister à une prière d'amour.

– Ma pauvre petite, votre aventure est sans lendemain. Il est immortel et tu es une mortelle… Deux enfants sans cervelle, voilà ce que vous êtes !

– Essaie quand même de m'aider, grande déesse, supplia Psyché. Tu dois bien connaître un moyen.

Vénus soupira :

– Le seul moyen, ce serait que tu obtiennes l'immortelle beauté. Mais c'est une suite d'épreuves presque impossible à traverser…

Le regard de Psyché rayonna :

– Des épreuves ? Merci, grande déesse, j'accepte ! Qu'ai-je à perdre ?

La déesse réfléchit un instant :

– Rien, en effet. Tu as raison, tu dois essayer. La première épreuve est celle des grains. Nymphes, conduisez Psyché à mon grenier !

– Le grenier de la déesse est dans un désordre monumental, expliqua l'une des nymphes à Psyché. Tout est mélangé : blé, orge, avoine, millet, sésame. Ta tâche consiste à trier les grains et à en faire des tas séparés. Naturellement, tu dois finir avant le lever du soleil.

– Dix mille mains n'y suffiraient pas, dit une deuxième.

– Le sésame surtout est exaspérant, ajouta une troisième, il glisse entre les doigts.

Psyché ne répondit rien, mais, quand elle vit

le grenier, elle crut défaillir. Il était grand comme dix fois la salle de bal de son père, et tout rempli d'immenses tas de grains mêlés.

– Eh bien, bonne nuit, Psyché ! dirent les nymphes avec des révérences moqueuses.

Et elles s'en allèrent.

Psyché se jeta sur le travail. Elle prit le grain à poignées. Elle le répartit en tas. Elle travaillait aussi vite qu'elle le pouvait. Maudit sésame, qui s'enfuyait des doigts ! La nuit vint, Psyché continua à la lumière d'une chandelle. Ses yeux étaient pleins de larmes de fatigue et de rage. Ainsi, elle allait échouer dès la première épreuve ! Elle se redressa et contempla son œuvre : cinq petits tas ridicules… Elle voulut continuer, mais ses yeux se fermaient. Elle ne put empêcher le sommeil de la gagner, et elle tomba, endormie, sur son tas de grains mêlés.

Mais Psyché n'était pas seule dans le grenier. Des fourmis l'observaient. Et, s'il y a une qualité qui plaît aux fourmis, c'est l'ardeur au travail.

Elles furent émues par le courage de cette enfant si vaillante et si désespérée. Le message fut transmis de fourmilière en fourmilière, et, au moment où Psyché s'endormait, les fourmis pénétrèrent dans le grenier par toutes les fentes et se mirent au travail. Chacune saisissait un grain, le portait sur son tas et courait en prendre un autre.

À l'aube, le grenier était net. Des tas bien distincts, d'égale grosseur, s'alignaient régulièrement. Le plus tatillon des marchands de semences n'aurait rien eu à dire.

Psyché, s'éveillant, n'en crut d'abord pas ses yeux. Puis elle vit les dernières fourmis qui s'en allaient.

– Merci, merci, les fourmis ! eut-elle le temps de dire.

– Il n'y a pas de quoi, répondirent poliment les fourmis.

C'était leur tour d'être bien fatiguées.

Il était temps, les nymphes arrivaient.

– Comment as-tu fait ? demanda l'une, stupéfaite.

– Oh, cela n'était pas bien difficile ! dit Psyché. Sauf le sésame, évidemment…

4

Psyché voulut révéler à la déesse comment les fourmis l'avaient aidée. Celle-ci ne l'écouta pas :

– Tu as réussi, cela me suffit !

Elle la mena vers la fenêtre :

– Tu vois ces pâturages, sur le coteau en face ? Mes troupeaux y paissent. La toison de mes moutons est faite de fils d'or fin. Rapporte-moi une poignée de leur laine.

Psyché partit avec confiance. Les moutons, elle connaissait. Tous les étés, à la villa des champs de son père, elle avait aidé à garder les troupeaux.

Dans un pré immense, des moutons et des bœufs d'une délicate couleur dorée broutaient. Une rivière bordait le pâturage. Il y avait une barque amarrée dans les roseaux. Psyché la détacha et, la poussant avec une perche, gagna la rive opposée. Elle allait y poser le pied quand les bêtes l'aperçurent. Elles poussèrent des mugissements furieux et dévalèrent la pente.

Psyché n'eut que le temps de remonter dans son bateau et de s'enfuir.

Psyché, au milieu de l'eau, tremblait de peur. Les animaux sur la berge soufflaient et frappaient férocement du sabot. Mais voilà qu'elle sentit autour d'elle un souffle tiède bien connu.

– Zéphire ! s'écria-t-elle.

– Chhhh ! Parle moins fort, je suis ici incognito. Retourne sur l'autre bord. Ces sales bêtes sont méchantes comme la peste. Elles te mettraient en pièces. Il n'y a que leur berger qui puisse les approcher.

– Et ma mission ? chuchota Psyché.

– Ce soir, quand le berger les rentrera à l'étable… Regarde, là-bas, ce gros crétin de bélier…

Pour atteindre des touffes d'herbe particulièrement appétissantes, le bélier s'était aventuré sous un buisson de ronces. Et maintenant, sa toison était prise dans les épines. Il tirait et se démenait pour se dégager. À la grande joie de Psyché et de Zéphire, il y laissa plusieurs touffes de laine.

Au coucher du soleil, la trompe du berger appela le troupeau, qui remonta pesamment vers le haut du pré. Les bêtes parties, Psyché traversa la rivière, courut aux ronces et démêla avec soin les fils d'or. Puis elle reprit le chemin du palais afin de remettre son butin à la déesse.

Le lendemain, Vénus confia à Psyché une coupe de cristal précieux. De la terrasse du palais, elle lui montra une montagne :

– Tu vois ce mont ? Celui qui porte encore de la neige… Une source coule non loin de sa cime. Emplis-y cette coupe pour moi.

La montagne était très loin. Une marche de plusieurs jours attendait Psyché. Les nymphes s'étaient prises d'amitié pour la jeune fille. Elles l'accompagnèrent pendant la première journée, lui donnèrent de la nourriture pour la route et un vêtement chaud.

– Prends bien garde à toi, lui dirent-elles en la quittant. On dit qu'il y a un précipice près de ce mont. Surtout, sois prudente.

En effet, au pied de la montagne il y avait un précipice. Psyché contemplait la pente raide, vertigineuse, qui tombait à pic devant elle. C'était impossible de descendre une telle paroi, surtout encombrée de la coupe de cristal. Cependant, en face, le mont avec sa source était tout proche. Elle n'allait pas abandonner si près du but… Elle vit que le rocher se brisait en une sorte de fissure. Elle tâta la fente. Peut-être pouvait-on descendre en y glissant les mains et les pieds…

– Mon enfant, dit une voix près d'elle, c'est bien dangereux, ce que vous voulez faire.

Elle leva les yeux. Un aigle des montagnes était posé sur un roc.

– C'est vrai, bel aigle, dit Psyché, mais je dois emplir cette coupe à la source qui coule de l'autre côté. Peut-être connaissez-vous une meilleure voie pour parvenir au bas de cette falaise ?

– Il n'y a pas de meilleure voie. Cette falaise, à tout endroit, est un péril mortel.

– Comment peut-on atteindre la montagne en face ?

– On ne le peut pas. À moins de savoir voler. Mais, s'il ne s'agit que de remplir cette coupe, je le ferai volontiers pour vous. Redescendez dans la vallée, je vous y attendrai avec la coupe pleine.

Et en effet, un peu plus tard, dans la vallée, l'aigle l'attendait avec la coupe emplie.

– Merci, bel aigle, dit Psyché.

– Bonne chance, Psyché, répondit-il.

Psyché n'eut plus que la peine de rapporter la coupe pleine à la déesse, ce qui n'était d'ailleurs pas si facile que cela. Les nymphes poussèrent des cris de joie en la voyant revenir victorieuse.

Vénus, songeuse, contempla un moment la coupe.

– C'est bien, Psyché, dit-elle enfin. Tu es vaillante. Et tu possèdes à un point étonnant le don de te faire aimer.

– Sauf de tes moutons, ô grande déesse, dit Psyché en riant.

Les nymphes éclatèrent de rire. La déesse sourit :

– Sauf de mes moutons. Psyché, tes épreuves sont terminées ! Si tu veux l'immortelle beauté, tu dois aller la demander à Proserpine, déesse du royaume des ténèbres. Elle seule peut te l'accorder. Va, ma fille…

5

Psyché partit, songeuse. Comment allait-on au royaume des ténèbres ? Elle se rendit dans un temple et posa la question à une prêtresse.

– Le royaume des ténèbres ? Nous y irons tous un jour, ma belle enfant ! Il suffit d'attendre.

Psyché s'assit sous un arbre, le menton sur les genoux. Cette réponse ne l'avançait guère. Soudain, un souffle tiède vint lui chatouiller le cou.

– Zéphire, ce n'est pas le moment de jouer !

– La belle Psyché est de mauvaise humeur ? Et moi qui t'apporte un message de quelqu'un que tu aimes bien.

– Un message d'Amour ? s'écria Psyché avec joie.

– Peut-être. Et peut-être qu'Amour le connaît, ce chemin du royaume des ténèbres.

– La prêtresse dit…

– La prêtresse est une buse ! Viens avec moi, et ouvre bien tes oreilles.

Zéphire conduisit Psyché devant une grotte envahie par les ronces.

– Cette grotte est une des entrées du

royaume des ténèbres. Il y en a plusieurs, mais les gens préfèrent ne pas en parler. Pour franchir les ronces, passe au ras du mur, il y en a moins. Ensuite, descends hardiment vers les profondeurs de la Terre. Tu arriveras dans une grande plaine, puis à un fleuve, que l'on nomme le Styx.

– Comment traverserai-je ? demanda-t-elle.

– Un batelier attend sur la berge. C'est Caron, un vieil avare. Donne-lui une pièce d'argent, il te mènera dans sa barque jusque chez Proserpine. À la porte du palais de la déesse, tu devras encore amadouer le chien de garde, Cerbère. Il est méchant, mais il est gourmand.

Jette-lui un pain ou, mieux, un gâteau au miel, c'est sa folie ! Passe vite pendant qu'il mange. N'oublie pas un autre gâteau et une deuxième pièce pour le retour. Sur ton chemin, il est possible que des ombres viennent te tourmenter. Quoi qu'elles disent, ne leur réponds pas et ne leur donne pas la main. Elles te voleraient ton pain et tes pièces, et tu ne pourrais plus revenir. Maintenant, laisse-moi t'embrasser, petite Psyché... Bonne chance ! Amour pense à toi.

Dans un village voisin, la boulangère, une personne gentille, donna volontiers deux pièces et deux gâteaux à Psyché en échange d'un peu d'aide au fournil. Psyché enferma son trésor dans un sac, qu'elle pendit à son cou, sous sa tunique. Elle se glissa le long de la paroi de rocher, qui en effet était libre de ronces, et entra bravement dans la caverne.

Elle marcha longtemps, parfois dans d'étroits couloirs, parfois dans d'immenses salles pleines de stalactites et de stalagmites. Enfin, elle n'aurait pas su dire combien de temps avait duré cette descente, elle arriva à la plaine dont avait parlé Zéphire. C'était un paysage plat et désolé, plongé dans une semi-obscurité.

Sur le chemin, un petit vieillard tout cassé battait de sa canne un pauvre âne épuisé. Soudain les fagots que l'âne portait se défirent et le bois s'éparpilla.

– Quel malheur ! s'écria le vieux. Qui m'aidera à recharger mon âne ?

Psyché, émue, accourait déjà pour offrir son aide quand elle se souvint des mises en garde de Zéphire à propos des ombres et de leurs pièges. Elle s'arrêta net et passa son chemin. Un instant plus tard, les ombres de l'âne et du vieux avaient disparu.

Trois vieilles autour d'un rouet filaient la laine sur le bord de la route. Elles se lamentaient :

– Notre fil est cassé ! Brave petite, toi qui as de bons yeux, viens nous aider à le renouer !

Psyché se boucha les oreilles et passa en courant. Quand elle se retourna, les sorcières avaient disparu.

Près du fleuve, le batelier Caron attendait.

– Bienvenue, charmante enfant ! Mais, charmante ou non, si tu n'as pas d'argent, tu ne monteras pas dans ma barque.

Psyché, sans répondre, tendit une pièce. Caron détacha le bateau et commença de

ramer sur l'eau noire.

Et soudain, un homme dans l'eau, juste à côté d'eux, les supplia :

– Aidez-moi, mes forces m'abandonnent, je vais me noyer.

Psyché crut reconnaître son père. Bouleversée, elle se leva d'un bond et tendit les deux mains. Mais elle se souvint de Zéphire et recula. L'ombre disparut.

On arrivait au palais de Proserpine, un palais immense et obscur. En haut des marches, Cerbère gronda en apercevant Psyché. Elle lança un des gâteaux. L'énorme molosse se mit à manger goulûment et oublia l'intruse. Vite, elle entra dans le palais.

– Que viens-tu faire ici, enfant de la Terre ? demanda Proserpine en voyant Psyché venir à elle.

Proserpine était très belle, certes, mais pâle,

triste et vêtue de noir.

– Grande déesse, je viens te demander l'immortelle beauté.

– C'est un don sans prix. Dis-moi : pourquoi veux-tu l'immortelle beauté ?

– J'aime Amour. Si je n'obtiens pas l'immortelle beauté, nous serons séparés à jamais.

– C'est une bonne raison, dit la déesse. Je te la donne.

Elle prit un coffret, souffla doucement dedans, le ferma et le tendit à Psyché.

– Grande déesse, comment pourrai-je jamais te remercier ?

Proserpine sourit.

– N'ouvre ce coffret que quand tu seras revenue au jour. Sois heureuse avec Amour.

Psyché jeta la seconde pâtisserie à Cerbère, paya le trajet de retour à Caron et se lança en courant presque à travers la plaine. Les ombres ne se montrèrent plus. « C'était bien l'argent et les gâteaux qui les attiraient », songea Psyché.

Elle retrouva la lumière du soleil avec une joie indicible. Elle revint aussi vite qu'elle le put chez Vénus.

– Grande déesse, voilà le coffret que m'a donné Proserpine.

– Eh bien, ouvre-le, Psyché, il est à toi.

Une vapeur fraîche et enivrante s'exhala du coffret. Psyché fut prise de vertige et tomba dans une sorte de torpeur. Quand elle s'éveilla, Amour la tenait dans ses bras et l'emmenait vers la maison des nuages.

– Psyché, ma bien-aimée, nous voici réunis pour toujours.

Amour et Psyché furent éternellement heureux et – la légende ne le dit pas, mais on peut le supposer – ils eurent une multitude d'enfants.

Bayard JEUNESSE

J'AIME LIRE Des premiers romans à dévorer tout seul !

Édition

Réfléchir et comprendre la vie de tous les jours

Rire et sourire avec des personnages insolites

Se faire peur et frissonner de plaisir

Rêver et voyager dans des univers fabuleux

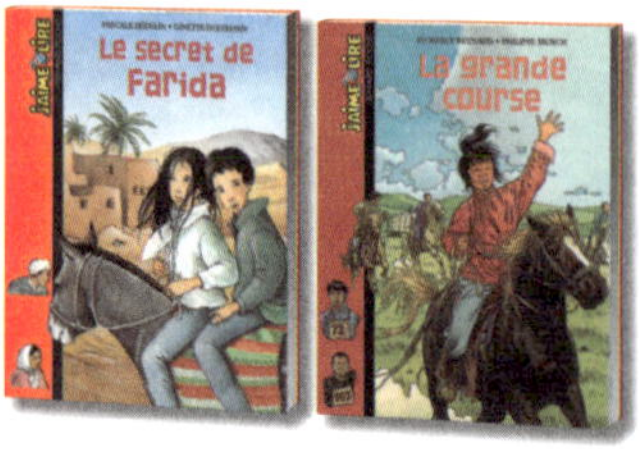

Se lancer dans des aventures pleines de rebondissements

Tes histoires préférées enfin racontées !

J'écoute J'AIME LIRE

Presse

7-10 ANS

Le magazine *J'aime lire* accompagne les enfants dans des **grands moments de lecture**

Une année de *J'aime lire*, c'est :

- **12 romans de genres toujours différents :** vie quotidienne, merveilleux, énigme...
- **Des romans créés pour des enfants d'aujourd'hui** par les meilleurs auteurs et illustrateurs jeunesse.
- **Un confort de lecture très étudié** pour faciliter l'entrée dans l'écrit : place de l'illustration, longueur du roman, structuration par chapitres, typographie adaptée aux jeunes lecteurs.

Chaque mois : un roman illustré inédit, 16 pages de BD, et des jeux pour découvrir le plaisir de jouer avec les mots.

Chapitre 1

Maître du monde

J'ai toujours aimé la magie. Et si j'avais été magicien, j'aurais commandé : « Abracadabra ! Faites que lundi, il n'y ait pas de rentrée des classes ! »

Cette rentrée, je ne la sentais pas bien du tout.

6 7

Pour en savoir plus : www.jaimelire.com

Achevé d'imprimer en juin 2007 par Oberthur Graphique
35000 RENNES – N° Impression : 7815
Imprimé en France